3€85

Enquête dans la savane

Une histoire de Gérard Moncomble,
illustrée par Éric Gasté

Chapitre 1

Quand Léa déboule sous le baobab en **braillant** « Ursula a disparu ! », Théo, Bob et Ferdinand ne bougent pas d'un poil. Jouer à la bataille, c'est sacré.

Heureusement, Gaspard s'en mêle.

— Commissaire Gaspard. Explique-moi tout.

— On avait rendez-vous à la rivière pour se baigner, dit Léa. Elle n'est pas venue.
— Je peux la remplacer, propose Gaspard. J'enfile mon maillot et...
— Vous êtes vraiment nuls, les garçons ! peste Léa.

Et zou ! elle part enquêter toute seule.
— Je vais la retrouver, moi, ton autruche ! hurle Gaspard.

Attention, Gaspard ! Pour mener une enquête, il faut :

Un, être dans la peau d'un pro.

Deux, chercher des indices.

Trois, en trouver.

— Qu'est-ce que tu veux à mon pied ? grogne Théo.

Ah ! L'indice **tombe à l'eau**. Gaspard démarre donc un interrogatoire :

— Lequel d'entre vous a kidnappé Ursula ?

— Je fais mon métier, explique Gaspard. Je mène l'enquête.
— On va te donner un coup de main, répond Théo. Pas vrai, les gars ?

En un clin d'œil, tout le monde est prêt. On a affaire à des pros. Le commissaire Gaspard a trois nouveaux inspecteurs.

De la méthode, du flair, de l'observation. Avec une équipe pareille, Ursula va être retrouvée **en moins de deux**.
On parie ?

Chapitre 2

Ça ne traîne pas !
Le commissaire Gaspard repère des traces fraîches qui filent vers la rivière.
Ursula doit être en train d'attendre Léa. Sacrée Ursula, toujours en retard !

À la rivière, pas d'Ursula. Normal, les empreintes étaient celles d'un flamant rose.
Flop total.

— J'ai trouvéééééééé un indice ! hurle l'inspecteur Bob.

— C'est une bouse de zébu, Bob ! soupire Gaspard.

Un peu plus loin, ils tombent
sur Raymond le croco en train de
pique-niquer. Il y a plein de plumes
sur sa nappe. **Crotte de yak !**
Il a mangé Ursula, ce **goinfre** !
Mais c'est interdit, ça !

Gaspard propose d'ouvrir le ventre de Raymond.

— Arrêtez ! proteste Raymond. C'est Jack le vautour qui perd ses plumes.

Exact. Jack a piqué le sandwich de Marcel le rhino, qui n'est pas content du tout.

Encore raté. L'enquête repart à zéro. Zéro indice, zéro témoin, zéro coupable.

— Bon. C'est moi le commissaire maintenant ! lance Théo.

— Non, moi ! dit Bob.

— Non, moi, dit Ferdinand.

— Vous êtes **zinzins**, les gars ? hurle Gaspard. C'est toujours moi, le chef !

Pendant que l'équipe s'explique, quelqu'un arrive. Mais c'est... c'est...

incroyable !

Chapitre 3

Zut et crotte de bouse !

C'est Léa, pas Ursula. Pourtant, elle a des bouts d'Ursula sur elle.

— J'ai trouvé ses affaires près de la rivière, dit-elle.

Ah, l'enquête avance.

Sur la plage, il y a plein de traces.
Ce sont bien les empreintes d'Ursula.
Mais pourquoi est-elle repartie ?
Chaque commissaire donne son avis.

Merci, les copains. Et toi, Léa ?

D'après Léa, Ursula a fait demi-tour parce que l'eau était trop froide.

— Elle a laissé ses affaires, ajoute Léa. C'est donc qu'elle pensait revenir à la rivière.

— Alors, on l'attend ici ! dit Théo.

Mais Léa est déjà partie sur la piste d'Ursula. Du coup, les quatre commissaires trottinent derrière elle.

Sur l'herbe, plus aucune trace, hélas ! Bob grimpe à un palmier pour repérer Ursula tandis que les autres commissaires donnent de la voix.

Un cri d'horreur répond aux cris idiots. C'est la voix d'Ursula ! Tout le monde se précipite.

Bouse de buffle ! Ursula est coincée dans sa combinaison de plongée ! Vite, il faut la dégager !

C'est fait ! La pauvrette est sauvée.

— Je voulais juste avoir moins froid dans l'eau, bafouille-t-elle.

On avait compris, Ursula. Détends-toi maintenant.

Encore une enquête réussie!
Les doigts dans le nez!
On est super-forts.
Hé! Qui a piqué mon casque?

Fin

Cette histoire t'a plu ?
Je te propose de jouer
maintenant avec
les personnages.

Tu es prêt ?

C'est parti !

Si tu en as besoin,
tu trouveras les solutions
page 32.

Retrouve dans ce tableau tout ce que tu as compris de l'histoire que tu viens de lire.

Quels personnages ?	 Léa	 Joe	 Gaspard
À quel moment ?	 À l'heure de l'école	 À l'heure du coucher	 À l'heure de la baignade
À quel endroit ?	 Dans une grotte	 Dans la savane	 Sur la banquise
Quel genre ?	 Une comédie	 Un roman d'épouvante	 Un roman historique

As-tu bien lu l'histoire ?

Réponds par *Vrai* ou *Faux*.

1. C'est Léa qui découvre qu'Ursula a disparu.

2. Raymond le crocodile a mangé Ursula.

3. Bob dirige l'enquête.

4. Ursula a laissé ses affaires près de la rivière.

5. Ursula voulait enfiler un pull à col roulé.

6. Gaspard, Bob, Théo et Ferdinand sont de bons enquêteurs.

Remets les images dans l'ordre.

A

B

C

D

E

Pour deviner à quoi pense Ursula, lis le texte en supprimant le mot « savane ».

La savane rivière est trop savane froide.
Heureusement savane que j'ai savane
enfilé ma combinaison savane
de plongée savane !

Qui dit quoi ?

A

1 Je voulais juste avoir moins froid dans l'eau.

B

2 Vous êtes vraiment nuls, les garçons !

C

3 Lequel d'entre vous a kidnappé Ursula ?

D

4 Bon. C'est moi le commissaire maintenant !

Quel élément n'appartient pas à l'image ?

Pour t'aider, tu peux te rendre en page 10.

Trouve l'ombre correspondant à l'image.

A

B

C

Solutions des **jeux**

Page 25 : Quels personnages ? Léa, Gaspard. À quel moment ? À l'heure de la baignade. À quel endroit ? Dans la savane. Quel genre ? Une comédie.

Page 26 : 1. Vrai ; 2. Faux ; 3. Faux ; 4. Vrai ; 5. Faux ; 6. Faux.

Page 27 : B, E, C, A, D.

Page 28 : « La rivière est trop froide. Heureusement que j'ai enfilé ma combinaison de plongée ! »

Page 29 : A 2 ; B 3 ; C 4 ; D 1.

Page 30 :

Page 31 : L'ombre A.

La mascotte « Milan Benjamin » a été créée par Vincent Caut.
Les jeux sont réalisés par l'éditeur, avec les illustrations d'Éric Gasté.

Mise en pages : Graphicat

1, rond-point du Général-Eisenhower, 31101 Toulouse Cedex 9, France
éditionsmilan.com
Loi 49.956 du 16.7.1949 sur les publications destinées à la jeunesse
Dépôt légal : avril 2019
ISBN : 978-2-7459-7671-0
Achevé d'imprimer au 2e trimestre 2019 en Espagne par Egedsa.